LHOMOND

ET SA STATUE

PAR

ERNEST HAMEL

PRIX : 1 FRANC

Au profit de la Souscription

PARIS

E. DENTU, LIBRAIRE-ÉDITEUR

PALAIS-ROYAL, 13, GALERIE D'ORLÉANS.

1860

A M. LABROUSTE

DIRECTEUR DU COLLÈGE SAINTE-BARBE.

Mon cher directeur,

Permettez-moi de placer cette notice consacrée à la mémoire d'un sage et d'un homme de bien, sous l'invocation de votre nom, si digne et si capable de porter bonheur à l'œuvre que nous poursuivons depuis longtemps déjà.

Pourquoi une statue à Lhomond? avons-nous entendu dire. A-t-il produit quelque œuvre de génie? A-t-il fait un grand tapage dans sa vie? S'est-il illustré par les armes et baigné dans le sang de toute une génération d'hommes? non. Il s'est contenté d'imaginer de petites grammaires qui nous ont valu force pensums; ce dont nous lui gardons vivement rancune. Ainsi parlent certaines gens peu aptes à comprendre les dévouements silencieux et la mâle grandeur de ces soldats de la science qui meurent satisfaits d'avoir été utiles.

Mais laissons dire les railleurs et les sots, et poursuivons patiemment notre œuvre. L'heure n'est pas loin, d'ailleurs, où nos efforts seront couronnés d'un plein succès, et où cette statue de Lhomond, dont nous avons quelquefois parlé ensemble, prendra sa place au soleil.

Déjà est à la besogne l'éminent sculpteur qui a bien voulu nous prêter son concours.

Sous ses doigts exercés, la glaise docile a pris, dans toute leur bonté proverbiale, les traits vénérés du maître de votre vieil ami Andrieux ; la pierre où ces traits seront reproduits se dégrossit peu à peu ; sous le ciseau qui pense, l'immense et informe bloc va s'animer de jour en jour. Vienne le printemps, et sur le sol même où naquit Lhomond, la statue, sortie vivante des mains de l'artiste, s'étalera majestueuse et triomphante aux yeux d'une population enthousiaste.

A cette bonne fin, mon cher directeur, vous aurez largement concouru. Tous ceux qui pensent, avec nous, que l'instruction c'est la civilisation même, dans sa plénitude et son épanouissement, c'est-à-dire la tolérance, la liberté, le respect de la famille et l'amour du prochain ; qu'en conséquence, le pieux génie qui a le plus contribué à la ré-

1.

pandre, à la généraliser et à la rendre plus accessible à tous, est vraiment digne d'une récompense nationale, tous ceux-là vous remercieront du fond du cœur.

Je ne fais donc que prendre les devants, en vous priant d'agréer, avec tous mes remercîments personnels, la nouvelle assurance de mes sentiments les plus affectueux.

Ernest Hamel.

27 Décembre 1859.

LHOMOND

ET

SA STATUE

———o)♦(o———

> Celui qui enseigne est un second père.
> (Lakanal à la Convention.)

Si quelque prophète du siècle dernier se fût avisé d'annoncer à l'excellent Lhomond qu'un jour la postérité reconnaissante songerait à lui ériger une statue, j'imagine que le bonhomme eût souri d'incrédulité. « Une statue à moi ! à moi qui ai toujours cherché l'ombre et le silence amis de l'étude! à moi qui ai toujours fui les vanités de ce monde! laissez donc, vous plaisantez. Qu'ai-je fait d'ailleurs pour mériter cette glorieuse récompense? Ai-je chanté sur le mode ionien les gestes héroïques des ancêtres! Ai-je fixé sur la toile, avec la main du génie, quelque page étincelante de couleur? Ai-je laissé tomber d'une lyre harmonieuse ces notes qui plongent l'âme dans d'ineffables extases, et, comme autant d'étincelles électriques, font frissonner les fibres humaines? Ai-je enfin mené en pompe à la boucherie sur un champ de bataille des milliers de braves gens, pour y mourir joyeusement avec eux au bruit du clairon retentissant et au sifflement des balles ? Non, telle n'a pas été ma destinée, et moins brillant a été mon lot sur la terre. Je me suis consacré tout jeune aux pénibles fonctions de l'enseignement public. Je me suis dévoué entièrement à l'instruction et à l'éducation de l'enfance, et, pour ne pas quitter mes chers élèves, j'ai refusé les places les plus enviées et les plus lucratives. Je ne sais quelle voix d'en haut me disait : Reste au milieu de ces petits enfants, c'est ta famille ; leur bonheur sera ton ouvrage, et, dans leurs succès futurs, tu auras ta part de triomphe et de contentement.

Aussi, de quels soins pieux je les ai entourés ! Comme je me suis identifié avec leur nature naïve ! Comme j'ai deviné ce qu'il faut à leur jeune intelligence pour l'exercer sans fatigue et sans dégoût ! Afin de leur épargner des difficultés et des ennuis, j'ai composé pour eux des traités élémentaires, où ils acquièrent tout doucement et sans peine les premières notions de la grammaire et de l'histoire. J'ai enfin versé dans leurs cœurs, non la crainte, mais l'amour de Dieu ; je les ai formés au culte du bien et du beau, je leur ai enseigné les principes de morale qui devaient en faire un jour des pères de famille sérieux et des citoyens utiles à la patrie ; mais qu'est-ce que cela pour mériter de vivre dans la mémoire des hommes et pour qu'on expose à leurs regards ébahis la statue de l'humble professeur qui les a tant aimés! » Voilà ce qu'il eût sans doute répondu, et ce que disent aujourd'hui ceux qui ne s'inclinent que devant les renommées bruyantes.

L'année dernière, par un joyeux soleil de mars dardant ses limpides rayons sur la place du beau village de Chaulnes, je montrais à un jeune et très-dévoué sous-préfet, qui a été mon camarade de collége, l'endroit où devait être érigée la statue de Lhomond. C'était le jour du tirage au sort, et la place, déserte et silencieuse d'habitude, présentait un aspect inaccoutumé. Les communes voisines, maire en tête, étaient venues faire la conduite aux jeunes gens qui, le cœur gros d'une émotion bien naturelle, allaient jouer sur un numéro les plus belles années de leur jeunesse. Mon ancien condisciple me fit l'honneur de se moquer beaucoup de notre projet; mais tous les braves campagnards qui étaient là pensaient différemment. Ils salueront, nous en avons la certitude, comme un acte de justice nationale, l'érection d'une statue à leur illustre compatriote; tellement la vertu, le savoir, le désintéressement et les services modestement rendus, semblent à ces cœurs robustes ce qu'il y a au monde de plus grand, de plus digne et de plus respectable.

Comment ! quand les porches de nos églises regorgent de statues de saints entièrement inconnus ; quand il n'est si petite ville de France qui ne possède, reproduit par le bronze ou le marbre, son petit grand homme ; quand nous voyons aux vitrines des marchands de musique s'étaler orgueilleusement les bustes et les portraits des moindres faiseurs de croches et de double-croches, on s'étonne que nous élevions la voix pour demander qu'un monument soit élevé au pieux et savant professeur dont toute la France a été et sera l'élève ! Tant de prétention, dit-on, ne sied pas à cette paisible et innocente renommée. Suivant nous, au contraire, la rémunération doit être d'autant plus splendide, que les services ont été rendus avec plus de désintéressement et de simplicité. Les plus éclatants hommages sont dus surtout à ceux qui, dans leurs travaux utiles, ont été inspirés par la justice, par la charité et par le seul amour des hommes, non par l'appétit d'une vaine gloire. Leur nombre n'est pas si grand ; je vous trouverai dix hommes de génie pour un homme vraiment vertueux. Lhomond est de la famille de Vincent de Paul : l'un et l'autre ont droit à d'éternels remercîments.

Le moment nous paraît d'ailleurs mal choisi pour marchander une statue à Lhomond. A une époque où l'on déserte les professions honorables qui ne mènent à la fortune que par des voies droites, mais lentes et pleines de ronces ; où tout le monde s'est donné rendez-vous dans ce temple satanique qu'on appelle la Bourse, et qui semble, en vérité, avoir résolu le problème de la fusion de toutes les religions ; à une pareille époque, dis-je, ne serait-ce pas une protestation éloquente contre les tendances du siècle, ne serait-ce pas un encouragement à la vertu, que la construction d'un monument destiné à honorer la mémoire du pieux génie qui a été l'incarnation même de la probité, de la modestie et du travail? Pourquoi donc, comme les anciens, n'étalerions-nous pas avec orgueil les statues de nos sages? Qu'avait fait Socrate, sinon que d'enseigner aux Athéniens la morale et la vertu? Si ses concitoyens abusés le forcèrent de boire la ciguë, ils ne furent pas ingrats envers sa mémoire, et ils élevèrent une statue de bronze à ce grand martyr de la calomnie. Lhomond a été jusqu'ici victime d'un injuste oubli, nous poursuivons une œuvre de réparation.

Plusieurs fois déjà des hommes distingués ont réclamé en sa faveur, et peut-être le projet dont il s'agit serait-il réalisé à cette heure, si un singulier conflit ne se fût élevé entre la ville d'Amiens et le village qui a eu l'insigne honneur de voir naître le célèbre grammairien. Sept villes se sont disputé la gloire d'avoir donné le jour à Homère ; on sait parfaitement où Lhomond est venu au monde ; mais deux communes de France prétendent posséder sa statue. La justice et la raison indiquent cependant qu'elle revient de droit à sa terre natale, et, si on l'érigeait autre part, l'intention des souscripteurs ne serait certainement pas remplie. Pourquoi donc la ville d'Amiens persiste-t-elle dans une prétention aussi peu fondée ? Pourquoi veut-elle s'approprier le produit des souscriptions recueillies jusqu'à ce jour ? L'artiste consciencieux qui s'est chargé de tailler dans le marbre la statue de Lhomond, pense-t-il que son œuvre fera meilleur effet dans une des salles du musée des antiquaires de Picardie, qu'en plein air, sur un plateau du Santerre, sous la coupole étoilée des cieux, avec l'immensité pour horizon ? Que serait, dans une des rues étriquées de Saint-Malo, le tombeau de

Châteaubriand, qui, sur son rocher battu des vagues plaintives de la mer, frappe si profondément l'esprit? La ville d'Amiens, qui a déjà payé son tribut de reconnaissance à la mémoire des grands hommes sortis de son sein, en leur élevant des statues sur ses places publiques, n'aurait pas dû chicaner ce modeste monument à une pauvre commune rurale, qu'elle frappait ainsi dans son juste orgueil et ses légitimes espérances. Plus de désintéressement eût été digne de cette grande et belle cité, et nous eût évité d'adresser, en faveur du pays où est né Lhomond, un nouvel appel qui, nous l'espérons, ne demeurera pas sans écho.

Un spirituel journaliste, en parlant du procès pendant entre la grande ville et la petite commune, disait que le bon grammairien en serait quitte pour avoir deux statues. Il avait raison, et le différend se terminera ainsi. Eh bien ! félicitons-en la patrie de Lhomond ; car, en confiant à l'habile ciseau de M. Lequesne la reproduction des traits de son glorieux enfant, elle aura l'avantage de posséder une œuvre d'un des grands artistes dont s'honore la France.

Disons en quelques mots quel fut ce pieux et savant Lhomond ; aussi bien une rapide esquisse de sa noble vie sera la meilleure justification du monument que nous réclamons pour lui.

II.

A trois lieues de Péronne, au cœur de la vieille Picardie, qui vit naître tant d'hommes de forte trempe, au milieu du plateau du Santerre, dont les plaines rachètent leur monotonie par une admirable fertilité, et sur l'emplacement d'un ancien camp romain dont chaque coup de pioche met à nu les vestiges, s'élève le grand et beau village de Chaulnes, jadis érigé en duché-pairie par Louis XIII en faveur de l'aîné des Cadenet, et aujourd'hui un des chefs-lieux de canton du département de la Somme. C'est là que naquit, le 26 octobre 1727, Charles-François Lhomond, de Louis Lhomond, notaire royal en la duché-pairie de Chaulnes, et de dame Marie-Anne Besse, son épouse.

Tout jeune, il se fit remarquer par une piété ardente et un vif amour pour l'étude. Après avoir reçu d'un de ses oncles, qui était curé à Misery, près Chaulnes, les premières notions classiques, il fut envoyé à Paris, au collége d'Inville, où ses parents lui avaient obtenu une bourse. Sa bonté, son intelligence et son travail lui concilièrent bientôt l'affection de ses condisciples et de ses maîtres. Émerveillé des splendeurs de la nature, qui se révèlent dans le moindre brin d'herbe comme dans l'arbre le plus gigantesque, il avait commencé, étant à la campagne, à étudier la botanique. Quand il ne lui fut plus possible de courir chaque jour à travers champs et de se livrer à son goût favori, il profita des longues promenades dans les environs de Paris, auxquelles on les menait, le dimanche et les jours de fête, pour recueillir des fleurs et des plantes de toute espèce dont, aux heures de récréation, il se composait un magnifique herbier. Il se serait certainement fait un grand nom dans les sciences, s'il n'eût préféré se consacrer entièrement à l'instruction des enfants. Après avoir achevé ses études et reçu les ordres, il fut nommé professeur au collége même où il avait grandi et brillé, et dont il devint bientôt le principal. Lors de la suppression du collége d'Inville, Lhomond, à qui ses lumières et ses vertus avaient attiré une réputation méritée, accepta une chaire qui lui fut offerte au collége du Cardinal-Lemoine, une des plus anciennes maisons d'enseignement de la vieille Université.

Pendant vingt ans, il resta simple professeur d'une classe inférieure, et, quand on venait lui offrir une chaire plus élevée ou quelque brillante position dans l'instruction publique, il répondait en montrant ses jeunes disciples, dont il était adoré : « Je n'abandonnerai jamais *mes sixièmes.* » Parmi les hommes remarquables qu'il a eus pour élèves, il ne faut pas oublier l'illustre Andrieux qui, jusqu'à sa mort, n'a cessé de garder à la mémoire de son maître le plus pur et le plus tendre attachement. C'est que Lhomond posséda ce secret si rare de faire aimer l'étude, il aimait ses écoliers. Par sa bienveillance et son aménité, il encourageait les intelligences un peu paresseuses. Les anciens livres classiques étaient diffus, manquaient d'ordre et de clarté, et rebutaient les commençants ;

ce fut donc pour épargner à ceux-ci les premières difficultés ou les leur rendre moins épineuses, qu'il composa ses grammaires latine et française, chefs-d'œuvre de science, de clarté et de concision, qui en valent bien d'autres. En tête de la grammaire française se trouvait une courte préface finissant par ces mots, où éclate l'exquise bonté de l'auteur : « Puisse-t-elle remplir l'unique but que « je me propose, celui d'être utile et « d'épargner à cet âge aimable une par- « tie des larmes que les premières étu- « des font couler ! » « Paroles vraies, expressions pleines de candeur, langage non de l'esprit, mais du cœur ! » ajoute un vénérable prêtre qui fut l'élève de Lhomond, et qui, plus qu'octogénaire aujourd'hui, a consacré à l'ami de sa jeunesse quelques lignes empreintes d'une élévation peu commune. Au reste, on n'a pas fait mieux depuis, et les grammaires de Lhomond ont reçu d'une circulaire de M. Fortoul une consécration nouvelle.

Il conçut dans le même esprit l'*Epitome historiæ sacræ* et le *De viris illustribus urbis Romæ*, dont les innombrables éditions ont enrichi plus d'un libraire qui devrait s'en souvenir à cette heure. Par de tels ouvrages, où la langue latine et l'histoire s'apprenaient sans peine, il préparait ses jeunes élèves à s'élever bientôt, par une échelle ingénieuse, à la compréhension des grands poëtes, des historiens fameux et des plus beaux génies latins.

Professeur, il avait conservé ses goûts d'écolier, et de fréquentes excursions où il se livrait à la botanique, étaient ses plus chères distractions. Il initia à cette science son ami René-Just Haüy, qui, enfant comme lui de la vieille Picardie, était, comme lui, professeur au collége du Cardinal-Lemoine. Haüy comprit alors sa véritable vocation ; devenu botaniste de premier ordre, il entra à l'Académie des sciences, se livra à l'étude des minéraux, et eut la gloire de découvrir les lois véritables de la cristallographie, en sorte que l'on peut dire que la France doit à Lhomond un de ses plus illustres savants.

Après avoir, pendant vingt années, consacré à l'instruction des enfants ce qu'il avait d'énergie et de savoir, le bon Lhomond prit sa retraite, et vécut modestement de sa pension d'*émérite*, dont les pauvres eurent toujours la plus grosse part. On raconte de sa bonté proverbiale un trait touchant. Il se promenait un soir sur le boulevart de la Salpêtrière, lorsqu'il fut assailli par deux soldats qui le frappèrent de plusieurs coups de couteau, lui enlevèrent une assez forte somme d'argent, et le laissèrent pour mort sur la place. Ramené chez lui par quelques passants qu'avaient attirés ses gémissements, il resta plusieurs jours en danger, et ne se rétablit que lentement. Quelque temps après, un digne magistrat de ses amis vint lui annoncer que l'un des misérables auteurs de ce lâche attentat avait été arrêté, et que, sous peu, son argent lui serait remis ; puis, en le quittant, il l'engagea à invoquer contre l'assassin toute la rigueur des lois. « Non, non, répondit l'excellent homme, je n'en ferai rien ; mais si vous vouliez lui faire tenir la moitié de la somme qu'il m'a laissée, vous m'obligeriez ; il peut en avoir besoin. » N'est-ce pas bien là le juste dont parle l'Évangile ?

Les heures de sa retraite ne furent pas oisives ; il y composa de beaux ouvrages, où se réflète admirablement le génie de Port-Royal. La *Doctrine chrétienne*, l'*Histoire de l'Église* et l'*Histoire abrégée de la religion avant la venue de Jésus-Christ*, sont des livres où la foi, la piété et la morale éclatent à chaque page en traits profonds, et où l'auteur, qui poursuit l'hérésie sous toutes ses formes, semble avoir emprunté la plume de Voltaire pour le combattre par ses propres armes.

Toute son ambition se bornait à se rendre obscurément utile ; ni les honneurs ecclésiastiques, ni les bénéfices qui lui furent offerts, ne parvinrent à le tirer de sa sainte et laborieuse retraite. Il n'en sortait que pour les longues promenades dont il ne perdit jamais l'habitude, et chaque jour, quel que fût le temps, il faisait, à pied, le trajet de Paris à Sceaux ; ce qui contribua beaucoup à fortifier la santé robuste dont il jouissait. Quoique rigoureusement janséniste et d'une excessive sévérité de mœurs, il n'en était pas moins affable et charmant dans l'intimité ; son indulgence pour autrui était sans limite, son caractère enjoué jusqu'à la gaieté, et l'on citait avec admiration la délicatesse et la vivacité de son esprit.

Le soir de sa vie fut troublé par les orages de la Révolution. L'aimable vieillard ne put entendre sans frémir les sourds grondements qui annonçaient l'ère nouvelle. Tout à Dieu et absorbé dans une abnégation absolue, il n'avait jamais sondé du regard les plaies hideuses dont était ulcérée la vieille société, et il ne comprit rien à cette religion civile dont la grande Assemblée Nationale de 1789 traçait le sublime évangile pour renouveler la face du monde. Là où étaient la justice et le droit, il vit l'hérésie et l'usurpation, et il refusa de prêter serment à la Constitution civile du clergé, ce chef-d'œuvre de bon sens et de raison. Son refus faillit à lui être fatal : emprisonné au commencement du mois d'août 1792, il échappa comme par miracle aux massacres de septembre, et dut à la protection d'un de ses anciens élèves de recouvrer la liberté. Il continua de vivre à Paris, et s'il protesta dans le secret de son cœur contre un nouvel ordre de choses qu'il regardait comme contraire à sa foi et à sa religion, il n'imita pas ces énergumènes qui allaient prêchant partout, au nom de Dieu, la révolte et la guerre. Triste et résigné, il passa ses derniers jours à prier pour ceux qu'il croyait des impies, et s'éteignit doucement le 31 décembre 1794, léguant à l'avenir ses travaux et son immortalité féconde.

Et maintenant que nous avons rapidement décrit cette existence si vertueuse, si douce et si bien remplie ; maintenant que nous avons prouvé, nous l'espérons du moins, que la récompense des services doit être en raison inverse de la modestie et du désintéressement de celui qui les a rendus, nous croyons pouvoir dire à chacun, aux membres du clergé dont il a été l'honneur, aux professeurs dont il a été le modèle, à tous ceux enfin pour qui ses livres ont été et sont encore le guide le plus commode, le plus clair et le plus sûr : Apportez votre obole, afin que la statue de Lhomond se dresse bientôt comme un hommage et comme un exemple, et qu'il ne soit pas dit que la reconnaissance des hommes est un vain mot.

Paris, imp. de L. TINTERLIN, rue Ne-des-Bons-Enfants, 3.

www.ingramcontent.com/pod-product-compliance
Lightning Source LLC
Chambersburg PA
CBHW061014050426
42453CB00009B/1423